六次东渡
——鉴真

◎ 主编 金开诚

◎ 编著 任传华

吉林出版集团有限责任公司

吉林文史出版社

图书在版编目（CIP）数据

六次东渡——鉴真 / 任传华编著 . —长春：吉林
出版集团有限责任公司：吉林文史出版社，2010.11（2022.1重印）
ISBN 978-7-5463-4144-6

Ⅰ . ①六… Ⅱ . ①任… Ⅲ . ①鉴真（688～763）-传
记 Ⅳ . ① B949.92

中国版本图书馆 CIP 数据核字（2010）第 222296 号

六次东渡——鉴真

LIUCI DONGDU JIANZHEN

主编/ 金开诚 编著/任传华

项目负责/崔博华 责任编辑/崔博华 许多娇

责任校对/许多娇 装帧设计/李岩冰 赵 星

出版发行/吉林文史出版社 吉林出版集团有限责任公司

地址/长春市人民大街4646号 邮编/130021

电话/0431-86037503 传真/0431-86037589

印刷/三河市金兆印刷装订有限公司

版次/2010 年 11 月第 1 版 2022 年 1 月第 5 次印刷

开本/650mm×960mm 1/16

印张/9 字数/30千

书号/ ISBN 978-7-5463-4144-6

定价/34.80元

前　言

　　文化是一种社会现象，是人类物质文明和精神文明有机融合的产物；同时又是一种历史现象，是社会的历史沉积。当今世界，随着经济全球化进程的加快，人们也越来越重视本民族的文化。我们只有加强对本民族文化的继承和创新，才能更好地弘扬民族精神，增强民族凝聚力。历史经验告诉我们，任何一个民族要想屹立于世界民族之林，必须具有自尊、自信、自强的民族意识。文化是维系一个民族生存和发展的强大动力。一个民族的存在依赖文化，文化的解体就是一个民族的消亡。

　　随着我国综合国力的日益强大，广大民众对重塑民族自尊心和自豪感的愿望日益迫切。作为民族大家庭中的一员，将源远流长、博大精深的中国文化继承并传播给广大群众，特别是青年一代，是我们出版人义不容辞的责任。

　　本套丛书是由吉林文史出版社和吉林出版集团有限责任公司组织国内知名专家学者编写的一套旨在传播中华五千年优秀传统文化，提高全民文化修养的大型知识读本。该书在深入挖掘和整理中华优秀传统文化成果的同时，结合社会发展，注入了时代精神。书中优美生动的文字、简明通俗的语言、图文并茂的形式，把中国文化中的物态文化、制度文化、行为文化、精神文化等知识要点全面展示给读者。点点滴滴的文化知识仿佛颗颗繁星，组成了灿烂辉煌的中国文化的天穹。

　　希望本书能为弘扬中华五千年优秀传统文化、增强各民族团结、构建社会主义和谐社会尽一份绵薄之力，也坚信我们的中华民族一定能够早日实现伟大复兴！

目录

一、鉴真生活的时代背景

  日本和中国是一衣带水的邻邦，自古以来，日本与我国有着密切的关系。据历史记载，日本从汉朝起就与我国开始正式交往；到唐朝的时候，关系更加密切。当时日本19次派遣唐使，来学习唐朝的先进经验。不仅日本往中国派遣唐使，中国也有使者东渡日本，其中最有影响的就是鉴真。1963年为纪念鉴真逝世一千二百周年，郭沫若先生曾写过一首诗："鉴真

盲目航东海，一片精诚照太清。舍己为人传道艺，唐风洋溢奈良城。"它热情讴歌了鉴真崇高的献身精神，高度评价了鉴真为促进中日两国人民的友好往来和文化交流所作的贡献。

鉴真是我国唐代著名高僧，生于唐武则天垂拱四年（688年），卒于唐代宗广德元年（763年），也就是日本天平宝字七年。鉴真大师是在日本圆寂的，享年76岁。鉴真的生命历程，可以划分为三个阶段：56岁前，在大唐生活、学习弘扬佛法；56岁到66岁，六次东渡，历经艰辛，终获成功；66岁到76岁，弘法日本，照耀扶桑。

唐天宝二年（743年）冬，也就是鉴真大师56岁那年，着手东渡；天宝十二年（日本天平胜宝五年）冬成功东渡，到达日本。在这10年里，鉴真大师过的是颠沛流离的生活；而在此前的56年里，应该说，鉴真大师在大唐的生活是平稳顺畅的。这56年跨越了武则天、中宗李显、睿宗李旦、玄宗李隆基几个时期。从政治上看，正是盛唐"贞观之治"经由武周革

命，迎来"开元盛世"并刚刚开始走向天宝衰变的时期。

（一）唐朝的政治、经济和文化状况

鉴真出生之日，正是唐武则天称帝之时。武则天的母亲是隋朝宗室杨氏，而杨氏是以崇佛著称的，武则天从小就受佛教的熏染，日后又有一段特殊的经历（太宗死后，被遣送到感业寺当了5年的尼姑），在儒、释、道三家中，她对释家（即

佛教的别称）情有独钟。武则天在即位之前，就大力利用佛教，为自己登基制造舆论。在这种背景下，有10个和尚伪撰四卷《大云经》，上奏武则天皇后，说她是弥勒佛下凡，能普度众生，应该当皇帝。武则天看后，就要求在全国颁发《大云经》，下诏在两京和诸州郡各修一所大云寺。而扬州大云寺，恰巧在鉴真家附近。此时佛教成为占有统治地位的宗教。武则天刚即位，就颁布圣旨，佛教在道教之上，僧尼地位在道士、道姑之前。鉴真正

是在这样的时代背景下，成就了皈依佛门、潜心钻研佛学的愿望。到了中宗神龙元年（705年），路经扬州，住在大云寺的道岸禅师，得知鉴真学识渊博、德行高尚且又年轻，便乐意为他授菩萨戒，此时正逢武则天刚刚从皇位上退下来。

在武则天称帝时期，唐朝不仅政治经济有了进步，思想文化也得到了长足的发展，为后来的"开元盛世"打下了基础。从景龙元年（707年）到开元元年（713年）的六年里，鉴真在洛阳、长安学习佛法。洛阳、长安两京是当时中国的政治、经济、文化中心，宗教的传入也早于扬州。那里寺院林立，高僧云集。他遍访名寺高僧，潜心钻研经典。开元元年以后，他回到扬州，在江淮一带弘扬佛法，取得了较大的成就，但因唐玄宗推行崇尚道教政策，虽然起初并没有采取抑制佛教的措施，但无形中遏制了佛教极盛的势头，使佛教在开元、天宝时代处于弱势。

尽管这样，开元盛世却使鉴真增长了许多见识。而后唐玄宗继续推行唐太宗和武则天时期的开放政策，当时唐朝国力强盛，政治、经济、文化等方面，都居于世界先进地位，各国商人、学者、僧侣等都不断入唐学习或经商，唐朝的商人、学者、僧侣等也纷纷出国交流。据文献记载，开元年间，与唐朝交往的国家就有七十多个。天宝末年，居住在京城的外国人达四千人以上。唐朝的都城长安，

成为当时亚洲经济文化交流的中心，鉴真的故乡扬州，也居于很重要的地位。

在唐代近三百年统治中，日本正式派出的使团达19次之多，其中规模最大、使团人数达五百人以上的3批均在开元、天宝年间入唐。这种文化交流，使正在洛阳、长安学习佛法的鉴真感受到唐朝的强盛和繁荣，同时开放的文化氛围，造就了鉴真开放、坦荡的胸襟和气魄。在经济繁荣和政治稳定的基础上，文化艺术也达到鼎盛时期。在开元、天宝年间，唐代文化走向顶峰，诗歌、绘画、音乐、雕塑、建筑等各项艺术都有了空前发展。玄宗时期国家还进行了大规模的古籍整理和文献编撰工作。

总之，唐朝"开元盛世"时代，不仅

为鉴真获取渊博的知识和深邃的佛学思想提供了基础，也培养了他大度、开放、坚毅的性格，这影响了他的一生。天宝初年大唐开始由盛转衰，鉴真也正是在这个转折时代开始了他的东渡事业。

（二）唐代佛教兴盛

鉴真东渡弘扬佛法，说明佛教自两汉传入中国，到唐代已经完成佛教的中国化，标志着唐代佛教本土化已臻成熟，开始东传。没有唐代佛教事业的发达和佛教思想的成熟，就没有鉴真东渡的壮举。鉴真成长为一代佛学大师，一方面有他的天赋和个人的努力，另一方面与当时佛教文化的发达密

切相关。唐朝处于我国封建社会发展的极盛时期，特别是唐代开放的政治，也带来了开放的宗教政策。唐代不同的历史时期推崇的宗教不同，但对各种宗教基本上都能采取兼容并包的政策，即使在武则天推崇佛教、唐玄宗推崇道教的时代，其他各种宗教派别仍能得到稳定的发展。从初唐到中唐时期，经济繁荣、政治稳定，为唐代宗教事业的发展奠定了良好的基础，使宗教事业兴旺，宗教思潮不断出现，宗教派别林立，唐代佛教的发展最能说明问题。

其一，表现为寺庙剧增、僧徒众多。尤其名僧辈出，如道玄、法藏、道岸等等，这些高僧对推进佛教的发展作出了巨大贡献。这些名僧中有些是

鉴真的老师，鉴真能够成长为一名造诣极高的传戒大师，他们的功劳是不可磨灭的。

其二，唐代佛教兴盛最有力的证明不是佛教的普及，而是佛教宗派及其判教（判教，就是判别或判定佛所说的各类经典的意义和地位）学说、理论的形成和发展。佛教宗派有法相宗、华严宗、禅宗、净土宗、密宗、南山律宗等。佛教宗派的创立大大加快了佛教在中国的本土化发展，从而促进了唐代佛教走向鼎盛阶段。

其三，唐代佛教昌盛最明显的表现是在译经事业方面，无论在数量上还是质量上都达到了前所未有的水平。伴随着佛经的大量翻译而来的便是对佛经原

典的消化与提炼，从而产生了一大批本土
僧人自己的各类佛学著述，都有较高的
学术价值，体现了唐代佛教事业的繁荣。
高僧与汉译佛经及佛教著作的大量产
生，促进了佛教宗派的发展，进一步扩大
了佛教的影响，不仅影响到国内各个地
方，而且远播到朝鲜、日本。如果没有唐
代繁荣的佛教文化，就不会在日本出现
人们对佛教的信奉，也不会有日本僧人来
唐学习佛法，当然更不会有鉴真东渡的历
史史实，可见鉴真东渡弘扬佛法的背景正

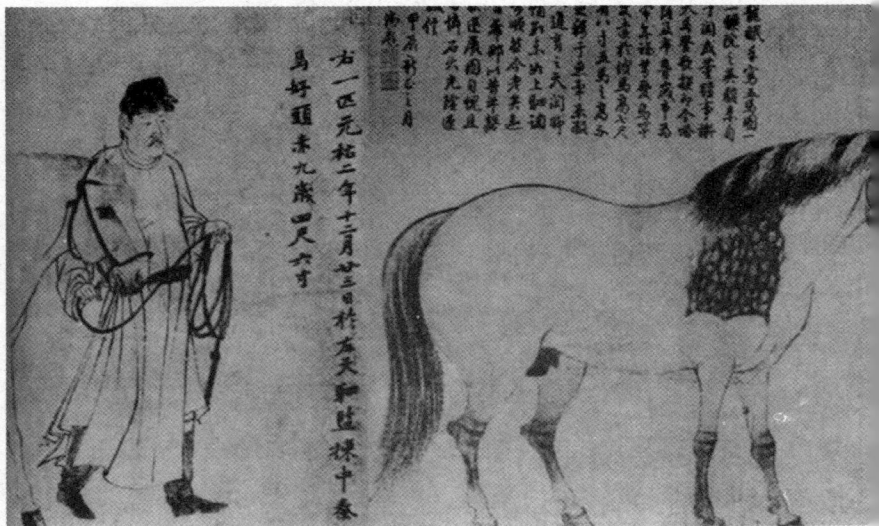

是唐代佛教文化的兴盛。

其四，唐代佛教的兴盛还表现在佛教艺术的繁荣。鉴真东渡传到日本的不仅有佛教的理论与教法，还包括唐代佛教的艺术瑰宝，比如说雕塑、画像、佛寺建筑等等。如果没有唐代佛教艺术的精湛、发达，没有唐代艺术家以及他们的作品对鉴真的熏陶和启迪，也不会有鉴真对日本文化艺术的贡献。任继愈先生在《汉唐佛教思想论集》里明确指出："佛教已成为隋唐社会的上层建筑，它的政治作

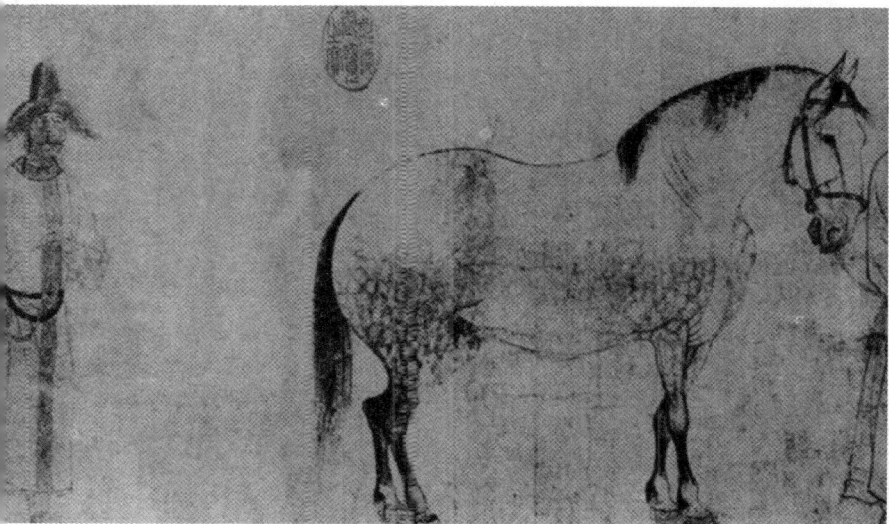

用不下于儒教，影响的广泛甚至在儒教之上。"说明了隋唐时期佛教的普及和佛教文化的发达程度。鉴真在日本的很多成就得益于大唐繁荣昌盛的佛教文化。

（三）鉴真的故乡——扬州

鉴真出生于扬州，14岁在扬州的大云寺出家为僧，后游学于两京长安和洛阳，学成后又回到扬州传播佛法。鉴真东渡弘扬佛法，与扬州也有着密切的联系，可以说故乡扬州的文化孕育了鉴真。隋炀帝开凿大运河，确立了扬州交通枢纽的地位，也是黄河以南、沿海一带政治、经济、文化中心。当时由海上来华的外国人，常把扬州当成海洋航运的终点，再转赴长安、洛阳，使它成为最大最富有的国际贸易都市。扬州成为对外交流的门户，这使鉴真从小就受到外来文化的熏陶。唐代的扬州，农业、商业和手工

业相当发达，出现了大量的工场和手工作坊。不仅在江淮之间"富甲天下"，而且是中国东南第一大都会，时有"扬一益二"之称（益州即今成都）。从唐人诗句"十里长街市井连""夜市千灯照碧云"中就反映出扬州大都会的繁荣景象。除了经济繁荣外，扬州的自然景观也非常美，唐代的一些诗人写出了很多赞美扬州的诗篇。扬州自六朝以来，就是佛教兴盛的城市。城内寺院林立，更成为远近僧侣集中的佛教中心城市之一。这样的生活环境和文化氛围促使鉴真成长为一代高僧。

二、鉴真出家为僧

　　鉴真和尚俗姓淳于，为战国时齐国大夫淳于髡的后裔。先祖淳于髡是一位劝谏的高手，成语"一鸣惊人"的典故说的就是淳于髡用隐语成功讽谏齐威王。

（一）幼年时期的鉴真

　　唐代扬州佛教盛行，中外僧人云集，佛寺多达三四十所。鉴真的家庭充满着

浓厚的佛教氛围，他父亲是个虔诚的佛教居士，经常到大云寺参禅拜佛，并在大云寺智满禅师处受戒。在家庭的影响下，幼年的鉴真也对佛教产生了浓厚兴趣。

据说在鉴真出生的那天晚上，淳于家佛堂里佛像前的供灯灯芯突然爆出灯花，霎时显出七色荷花的形状，将佛堂映照得绚丽多彩。这个吉兆让淳于家喜形于色，知道将要出世的孩子是个贵子。鉴真长到三岁时果然聪慧过人，识文认字一学就会。虽然鉴真的父亲以居士身份皈依佛教，但他知道佛家治心，道家治身，儒家治世。身为大丈夫首先要修心养性、齐家治国平天下，自己的儿子只有学而优则仕,才能光宗耀祖,兼济天下。于是鉴真被送到私塾就学,在诸子百家和孔孟之道的熏陶中慢慢长大。可是父亲没有想到,他第一次带儿子到大云寺参加佛像开光法会,小鉴真就被佛像所表现出的威严、安详的神情深深地吸引了。他跟在父亲身后问这问那,竟然不想回家了。智满法师见到他后,对鉴真的父亲说:"你这孩子慧根深厚,长大定会有出息的。"从此以后鉴真迷恋上了佛法。

（二）青少年时期的鉴真

平日里鉴真在家随父学佛，慢慢地对佛法有了更深的认识与理解，对大云寺越来越向往。鉴真14岁时，正式向父亲提出要去大云寺学佛。就这样，他走入了佛门，拜智满法师为师，剃度出家，成为一名小沙弥，也就是所说的小和尚，法名鉴真。学佛是漫长的过程，就像学生一样，从小学、中学读到大学。和尚学佛也有进学的梯度，就是从小沙弥成为比丘僧。鉴真为取得僧人的资格，前后有两次受戒。受戒，有着隆重的仪式，必须有专门的授戒师主持这事。鉴真进入大云寺后，潜心钻研佛学，修行

十分用心，在智
满禅师的指导
下，进步很快。
据《四分律》
规定，比丘（男
僧）有二百五十
条戒律，比丘尼
（尼姑）有五百

（按律实有五百四十八戒）条戒律。受具
足戒时要有"三师七证"，所谓"三师七
证"，即在受戒时，要经过戒和尚、教授
师和羯磨师三师的考问，并有七位德高
望重的师僧作为证明。授具足戒之后，成
为正式的僧人。三师中的戒和尚，就是直
接授戒的师僧，是授戒中最高责任者，必
须是德高望重的。教授师是在戒场指导
受戒僧侣作法的师僧。另一师羯磨师，是
直接在戒场指导受戒僧的师僧。一般受
戒前由教授师检问受戒僧的资格，然后
由羯磨师询问考查，经过三次询问考查

以后，所谓具足戒，便是圆满完成的戒。

《华严两种生死义》卷四纸背文书的满意律师传中，对鉴真登坛所受具足戒时的情况记述详细，且列有三师七证之名为：西京总持寺的仪律师、西京荐福寺的道岸律师、荆州扬溪寺俊律师、西京崇福寺大德礼律师、西京崇圣寺的纲律师、闻惠律师、西京荐福寺恩惠律师、恒律师、志律师、西京荷恩寺的法藏律师、园律师以及荆州南泉寺的弘景律师，共十二人。受具足戒的仪式十分隆重，共有12名律学造诣很深的大师在场，对鉴真后来成为律学高僧影响极大。鉴真受具足戒之后，从此成为一名正式的比丘僧，也就是最高级的正规佛教徒，取得了做和尚的正式资格。当时鉴真21岁。弘景当时已是75岁高龄，鉴真成为他最后一个授戒的弟子（关门弟子）。次年，即景龙三年（709年）弘景便告老归山，唐中宗亲自赋诗为他送别。弘景在玄宗先天元年（712年）圆寂，享年79岁。鉴真从弘景禅师那里学习

"五明医学药典"，能出入皇宫的太医署，在那里求教医学上的疑难，并见到了不少医林高手，得到不少秘传医方，包括极为罕见的《唐本草》。鉴真在两京期间，东西帝都城市布局严整，坊里街道规整划一，都对他有很大的吸引力。两京名刹大寺不仅规模大，庄严华丽，并

有不同的建筑风格。鉴真所居实际寺内的净土院是长安当时著名的景点，其雕甍画拱，圆珰方镜，结构配合之妙，向来被认为巧夺天工，这给年轻的鉴真提供了一个极好的学习环境。景龙二年（708年）的秋天，已准备回扬州的鉴真，向恩师道岸辞别时，道岸正忙于建造小雁塔，因知道鉴真精通建筑，要求其协助建塔。鉴真从中学到了佛教建筑的设计、施工和装饰等方面的实际知识，又到洛阳仔

细观摩龙门石窟的雕刻，在观摩中受到
雕刻艺术的熏染，后来成为佛殿寺塔建
筑高手。

《东征传》说鉴真和尚巡游两京，究
学三藏（"藏"本是匣子、框子、篓子一类
装有物品的容器，佛教把自己的所有典
籍分为经、律、论三藏，究学三藏就是学
习、研究所有的佛学知识）。佛教自传入
中国后，到东晋时代，戒律日渐完备。到
了隋唐时期，《四分律》成为中国的正宗

戒律。"律"是僧侣行事的种种规定、需要遵守的仪则。"律藏"是戒律以及与此内容相关的典籍的总称，是佛家三大法藏之一。鉴真律藏造诣尤深，为他授戒的道岸和弘景都是律学的名德，又是南山宗开创者道宣的再传弟子。鉴真虽师承南山宗，但他对于法砺的相部宗和怀素的东塔宗也拜师入门，兼收并蓄。在长安、洛阳滞留期间，鉴真历访名寺高僧，潜心专研藏佛典。先从融济律师习《南山律钞》（佛教律宗南山宗的创始人道宣所著）等书；又在西京禅定寺随义威律师，听法砺律师的《四分律疏》一遍；从西明寺远智律师，听讲《律疏》一遍；在洛阳再听授记寺从金修律师等讲《律疏》一遍；又到长安听观音寺大亮律师再讲"砺疏"（名僧法砺为《四分律》所作之疏）五遍。当鉴真离开繁华的京都时，已成为精通律义、学有所长、知识渊博的名僧。

唐玄宗开元元年（713年），鉴真从洛阳、长安等地回到扬州后。在近七年的时间里，鉴真既游历洛阳、长安等大唐的政治、文化、经济中心，又有机会聆听最上层高僧的教诲，无论在学业上，还是见闻上，都有很大的收益，这为他以后的弘法传道打下了良好

的基础，也为以后的东渡准备了条件。从此以后，鉴真开始弘法传道活动。唐开元五年（717年）道岸圆寂，之后，他的弟子

杭州义威继为授戒师，义威死后的开元二十一年（733年），46岁的鉴真成为授戒大师。从鉴真成为受戒大师开始，到唐天宝二年（743年）十二月应日本僧人荣睿、普照的邀请，前往日本为止。鉴真的主要任务是在江淮一带弘法传道。鉴真在江淮之间讲经说法，宣传教义，授戒传律，传戒度人，兴建佛寺。在此同时，他又着手筹款，规划并亲自主持营建了八十多处寺院僧舍；指导塑造、绘制了大量的佛像和壁画；又创建和扩大了救济贫病

者的悲田院和供养三宝的敬田院；抄写了一万一千多卷经典；监制施送彩帛袈裟三千余领，供送五台山僧人；所主持的道场法事，更是难以数计。

　　佛教重要的是宗派师承，宗派间对佛教的某些教义、宗旨的理解及实行有所不同。当时的律宗分成三派：南山宗、相部宗、东塔宗。鉴真对各家学说互为参照，以南山宗为主，广为吸收，成为南山宗的嫡传；同时又成为三宗的集大成者，成为继道岸与道岸弟子义威之后，全国众望所归的授戒宗主，成为名满天下的律学权威。这期间，他前后宣讲《大律》和

《疏义》四十遍，宣讲《律钞》七十遍，宣讲《轻重仪》和《羯磨疏》各十遍。多年以来，他临坛授戒，度人四万余，弟子中的西京安国寺睿光、扬州兴云寺惠琼、江州大林寺志恩、苏州开元寺辩秀、天台国清寺法云等35人，都是各地著名僧寺的律师，在佛教界享有极大的声誉，鉴真可谓是桃李满天下。

鉴真东渡，对很多人来说，是一段既熟悉又陌生的历史。说它熟悉，是因为一提到鉴真，人们首先想到的就是"东渡"；说它陌生，是因为大多数人只是知道鉴真东渡六次，历时十余载，至于在东渡的过程中发生了哪些事情，鉴真本人包括他的弟子及随行人员经历了哪些磨难，可能很多人就不知道了。

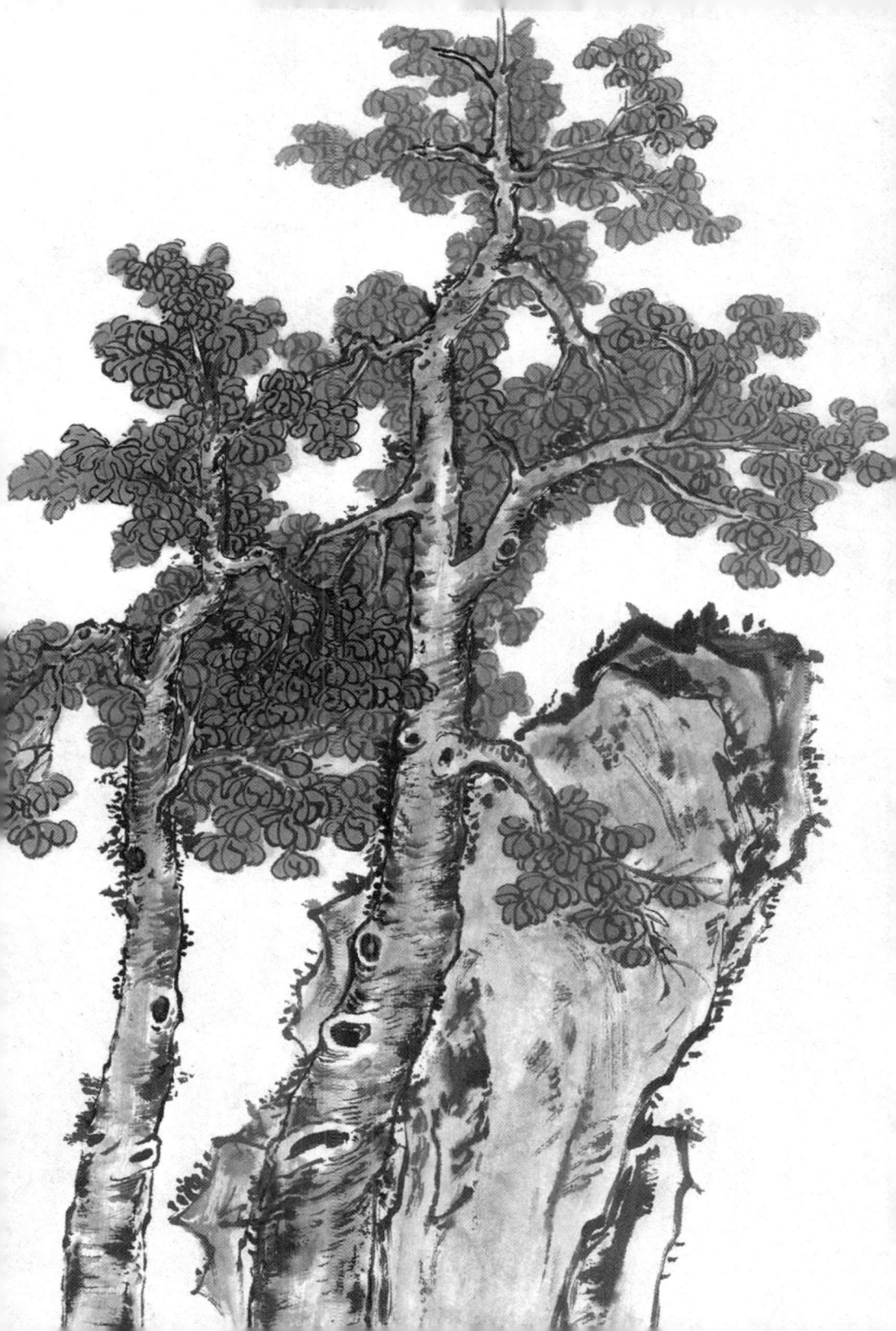

三、鉴真六次东渡的历程

鉴真一生中最伟大之举是东渡日本，异域弘法，为中日文化交流作出巨大的贡献。鉴真东渡绝不是一时的心血来潮，而是中日文化交流历史中极为和谐的一章。中日两国虽然隔海相望，但至东汉以来，就一直有着密切的经济、文化交流。

(一) 应邀东渡

佛教自6世纪中叶传入日本之后，很受统治者的欢迎，所以圣德太子在摄政时期，大力提倡佛教，借以提高皇权。公元6、7世纪之际，日本社会正处于封建过渡的大变革时期，由于时代的改变，文化得到迅速的发展。为了适应文化发展的需要，日本迫切要求学习先进的科学文化与技术知识。隋唐年间，中国的经济和文化高度发展，这就强烈地吸引着日本，因此，日本政府派出了一批又一批的使团来中国进行文化交流，并派遣了大批的留学生、学问僧来中国学习。在隋朝时，日本政府三次派出遣隋使。唐代

二百年间，先后19次派出遣唐使，其中人数最多时达五六百人，可见当时的盛况。

日本朝廷利用佛教来巩固自己的统治，希望佛教成为麻痹人民的精神工具。但佛教在日本的发展不尽人意。大批失去土地的农民和不堪奴隶主贵族压迫而逃亡的部民，纷纷"私渡"，出家为僧，将寺院作为逃避课税劳役的避难所。到8世纪初，日本佛教界僧侣滥冒、放任自流，僧纪不正，戒法不全，陷入一片混乱。朝廷对这混乱的局面虽然以严厉法纪加以制裁，但收效甚微。因此，如何使佛教

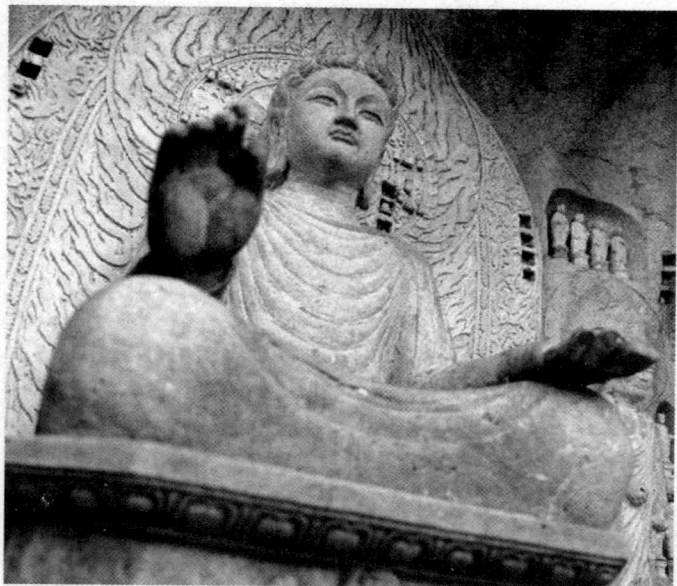

在日本有序地健康发展，成为当务之急的大事。日本元兴寺德高望重的隆尊法师向朝廷建议说："日本佛教的混乱，都是因为'私渡'出家为僧造成的。按照佛教的戒律，身为比丘和比丘尼都必须受具足戒，否则就不能成为真正的僧侣。按照教规，僧侣在受戒的时候戒坛中要有三师七证。可是日本目前没有精通律学的大德高僧，没有正规的授戒大师。听说大唐的佛教，无论各宗各派，都是以戒律规范为入道之门，凡是不经过正规受戒的出家人，就不能承认他的僧籍，也不能享有僧侣的特权。日本要想尽快建立受戒制度，就应当派人到大唐聘

请精通戒律学的高僧，前来日本设坛授
戒，宣扬戒律。"隆尊法师推荐了两名年
轻有为的僧人荣睿和普照来完成这项历
史使命。临行前，隆尊法师嘱咐二人，到
了大唐，首先要修习的是佛教戒律，学成
以后，要从大唐礼聘一位德高望重、学
识渊博的传戒师到日本来讲律授戒，整
顿佛教的秩序。日本圣武天皇天平五年
（733年）四月，普照和荣睿以及同行的玄
朗、玄法两位随着日本第九次谴
唐使团，分乘4船，从难波津（今
日本大阪）出发渡海来到中国。
于当年八月抵达苏州附近海岸。
唐朝派通事舍人韦景先为接待
使，陪引使团循大运河经扬州至
汴州，然后陆行到达洛阳。此后，
普照、荣睿被安排在洛阳大福光
寺，跟从名僧定宾律师学习佛教
戒律。两年后，已年过八十的定
宾律师为荣睿、普照等匹人授具

足戒，成为正式的僧人。在这次授戒的法事上，日本僧人才真正见识了唐朝佛教严格的三师七证授戒制度。这更坚定了他们持守戒律，寻访名师，把"真正的"佛教传回日本的信念。普照和荣睿一边学习戒律，一边拜访名僧，邀请他们东渡弘佛法。他们首先在洛阳大福先寺成功地邀请到既习禅学，又明律学的道璇法师，与道璇同去的还有来大唐的林邑国僧佛彻、印度僧婆罗门菩提，于开元二十四年（736年）随回国复命的第九次遣唐副使中臣名代等人前往日本。道璇是继中国和尚道明、道荣之后第三位来日本的僧人，比鉴真东渡早18年。道璇到日本后住在大安寺，讲授他所带去的《律藏行事钞》。日本律学的普及，天台宗、华严宗的兴盛与道璇在日本的佛事活动有着密切的关系，因此他在日本佛教史上被称为华严宗的祖师。由于道璇在学问和资历方面不够理想，加上僧员不足，并没有能登坛授戒，因此日本佛教界的混乱状况没有多大的改观。消息传到长安，荣睿和普照还必须再礼请一位颇有地位的律宗高僧去日本

传戒弘法。之后荣睿和普照也曾经拜访过几名律学大师，但没有一位愿意冒生命危险，远渡重洋去日本弘法。唐开元二十年（737年），唐玄宗由洛阳返回长安。荣睿、普照和玄朗在留学生阿倍仲麻侣的帮助下，再次由洛阳到长安，分别在崇福寺、大安寺攻习律部，并继续物色高僧赴日传戒，建立严格的传戒制度。不久，他们得知当代律学权威鉴真和尚在扬州大明寺讲授律学，门下人才济济，便和愿去日本的大安寺道航等一行人于天宝元年（742年）离长安到达扬州。通过道航的引荐，荣睿和普照一到扬州，立即到大明寺谒见了鉴真和尚，鉴真的声望与学识使他们倾倒，他们顶礼膜拜，启请鉴真前往日本做导师。又句鉴真介绍了当时日本佛教情况，说明日本佛教的困境，盼他能到日本讲习律学，为日本建立完善的授戒制度，使日本佛教得以弘扬，走向正轨。他们真诚恳切的态度，对佛教至真至诚的感情，使鉴真深受感动。加之当时唐玄宗不时地实行崇道抑佛的政策，排佛事件时有发生，鉴真感慨"心曲千万端，悲来却难说"。热情的相邀，使得他决心离开故土，东渡扶桑。以前听说陈代南岳慧思禅师圆寂后，托生日本国为王子，兴隆佛法，普度众生。又听说日本长屋王子崇敬佛法，曾送袈裟千乘，

施送此土众僧。袈裟上绣有四句："山川异城，风月同天，寄诸佛子，共结来缘。"可见日本确是兴隆佛法的有缘之国。说毕，他环顾在场的僧侣，询问谁愿同行前往日本弘扬佛法，在场僧侣无人应答。沉默半晌后，在旁的徒弟祥彦才站出代表众僧答道："日本路途遥远，中间又隔浩瀚沧海，惊涛骇浪，百无一至，旅途生死难卜。"鉴真和尚见无人愿和他同行，深为失望，便慨然道："为传佛法，何惜身命！佛祖为了普度众生，尚且不惜身命！何况我等，你们不去，我去！"祥彦见大师语气悲壮，去意已定，便即刻表示："大和尚如去，我也跟着去！"众僧跟随鉴真多年，都不愿他离开扬州，现见大和尚决心已定，道兴等21人纷纷表示，愿在大和尚的率领下前往日本，弘扬佛法。荣睿、普照见此情景，欣喜万分，庆幸自己来唐10年的夙愿终于实现了。那时，鉴真已有55岁，从此开始了他那照耀史册的壮举。

鉴真东渡前，已经有洛阳大福先寺的道璇禅师等唐朝僧侣受邀东渡，日本为何还要执意邀请鉴真呢？而且，到达日本后，鉴真的地位远高于同时代的其他东渡僧侣，无论其来自中国、印度还是百济，他为何能获得如此尊崇的地位呢？

这是因为当时日本入唐朝邀请高僧东渡传法，主要是为解决日本僧侣戒律不严

的问题。日本民间普遍采取自誓自愿的方式出家，对于戒律的理解也五花八门。也就是说，任何人只要自己愿意，就可以宣布自己是和尚，而且没有什么戒律约束，该怎么过还怎么过，这和尚当得也太自在了。日本当时官民都对佛教很推崇，但对这样随意的僧侣又觉得不能信任，于是，就产生了严格戒律，用受戒的方式规范僧侣的要求。

大多数僧人都要经历受戒的仪式，不过，由于派别不同，受戒的内容也很不相同。一般僧人常受的有五戒、八戒、十戒等，而最为严格的大乘佛教徒，要受二百五十戒，称为"具足戒"，也只有自己受过戒的僧人，才可以为其他僧人授戒。这种严格的戒律在日本当时无人了解，所以决心到中国聘请高僧。鉴真与其他赴日僧侣不同。他是一名真正受过"具足戒"的僧人，而且在赴日之前，已经为四万名僧侣授戒，正是日本方面寻找的理想对象。

鉴真应邀东渡，不仅反映了日本统治阶级要利用宗教来维护自己统治的需要，而且反映出中国化的佛教在日本影响力的上升。鉴真顺应了时代发展的要求，为日本佛教的健康发展而慷慨东渡。

（二）五次东渡未成

1.第一次东渡

鉴真虽然答应了日本僧人的礼请，但他也深知此行并非易事。《唐律》明文规定，禁止私自渡关。如果乘船东渡，官府一旦得知会怎么样呢？道航临来扬州时，李林宗大人给他出了个主意说："东渡之事不要声张，为严守秘密，外人问起，就说我们造船出航走海路，是去浙东天台山国清寺进香。"为此，他还给仓曹李凑写有一信。鉴真看罢，略为放心。虽为出世之人，遵守世俗的国法也是本分。不过，为了弘扬佛法，为了探求佛教真谛，有时就要有更大的智慧和勇

气了。决心已定，鉴真、荣睿、普照、道航等人经过商议，便分头为远航做各种准备。他们请扬州仓曹参军李凑出面帮助打造大船。李大人说："造船没有什么问题，只是近来浙东一带海盗蜂起，台州、温州、明州海路险恶，朝廷正在调兵遣将平定海盗。你们进香之事，能否等海上安定一些再议？"

而荣睿认为："海盗何时能平，不得而知，而进香之事却不能耽搁。再说了，我们的船并非商船，即使遇上海盗也没有什么可抢夺的财物，不怕他海盗猖獗。"于是，在道航和荣睿的主持下，造船及各方面的筹备工作都在秘密进行着。东渡的大船快要造好了，粮食准备得差不多了。他们抓紧备办各种用品，以及带回日本的经典、佛像等，将它们积聚在荣睿寄住的既济寺中。普照等人则分别寄寓在开元、大明等寺，积极准备启程。自天宝元年（742年）冬至次年春，准备工作大致就绪。不料，祸起萧墙，从此揭开了东渡磨难的序幕。事端是道航和朝鲜籍僧人如海发生矛盾而引起的。在选定去日本的人选时，道航在众僧间表示："此次赴日即是向异国传播戒法，同行成员必须德行高尚，戒律整肃，且有一定的佛学修养，方能胜任；而如海学问不够，德行不高，根本不够资格。"不料此话正好被如海听到，顿时气得七窍生烟。荣睿一副无所谓的样子："我认为带不带如海不是什么大不了的事。只要大和尚能安抵日本就行。"道航口气一下子激烈起来："我们此行是为传授戒法而去的，如果连如海这样的人都可以去传法，我

宁肯不去！我认为东渡人员，宁少勿滥，如海他学识肤浅，这样的人如果跟随师父渡海传戒，岂不是坏了名声？"大家只好七嘴八舌地附和道："行了行了，不带他去就是了。"此刻站在门外的如海恼怒不已，便私下到淮南采访黜置使衙门告发，诬告道航以及一同来扬州的荣睿、普照和玄朗日本学问僧"造船入海，与海贼勾结"，谎称"已经有五百海盗，正准备进扬州城来跟他们里应外合，血洗扬州"。并说"船已办好，干粮等物资屯聚在既济寺、开元寺等"，要求"火速拿办"。当时的中国沿海海盗蜂起，活动猖獗，朝廷早有诏书，要各地对海盗严加防范。因此采访黜置使班景倩听后，不敢怠慢。一方面吩咐将如海关进监狱，再行审讯，听候

发落。一方面差人去
东河和有关的寺院搜
查，果然在东河口找
到了新造的船只，又
在寺院找到了大批的
粮食和物资。人犯道
航、荣睿、普照均已捉
拿归案，严加审讯。
唯有日本僧人玄朗逃

到一条民船上，不知去向。直到道航说明
是李林宗的供奉僧，系循海路赴天台国
清寺供养众僧，并提供李林宗曾函致李
凑请他协助的线索，才证实如海乃是诬
告。释放所有的僧人，所造好的船只没收
作为官用，物品发还。日本僧人荣睿、普
照暂时不能离开官府，须禀告朝廷专门管
理外国人的鸿胪寺后再作处理。为了保
释荣睿和普照出来，鉴真亲自去官府见
班景倩。班景倩对鉴真十分崇敬，也多次
听他讲授佛法。但是对日本僧人的案子，

他却不敢自作主张，他向鉴真再三解释："大和尚尽管放心，两个日本僧人虽说收在官府，但绝不会委屈他们，只是等待数日而已。"班景倩说："大和尚有所不知，朝廷早有公文，地方官府不得私自处置外国人员，都要上报朝廷专管外籍僧人事务的鸿胪寺，否则是要问罪的。"既然是这样，鉴真也不好强求，那么如海呢？按照诬告罪论罪，如海少说也得在大牢里蹲上几年。鉴真说："如海也是一时糊涂，年轻气盛，在一念之间堕入了罪恶之中，想必他此刻已有悔悟。还请大人给他一个改恶从善的机会，从轻发落，免受牢狱之苦。"班景倩说："大和尚亲自前来为他求情，本官也就从轻发落，上报朝廷，勒令他还俗，遣送原籍。"第一次航海东渡的计划便这样被

搁置了。道航被徭役打
伤的伤口也愈合了，而
荣睿和普照却迟迟没
有结果。鉴真让道航马
上返回长安，打听一下
朝廷会怎么对待他们。
必要的时候，也请李林
宗或在朝廷为官的日
本人阿倍仲麻吕从中斡
旋，让他们早日获释。道航答应第二天就
动身。经过这次挫折，道航对东渡也越发
地兴味索然了。道航返回长安，请在朝廷
做官的日本人阿倍仲麻吕即晁衡帮忙解
救被关押的荣睿、普照。晁衡将此案上奏
玄宗，皇帝下诏书后，被关押了四个月的
荣睿、普照终于重见天日。第一次东渡失
败后，玄朗不知去句，道航打起退堂鼓，
放弃东渡。

　　2.第二次东渡

　　荣睿、普照觉得没有完成聘请高僧

传戒的任务，这样回日本，那才是最大的失败，所以仍决定请鉴真和尚一道赴日。出狱后，二人再度拜见鉴真和尚，倾吐了自己的心愿，并征求鉴真和尚的意见，希望他仍能率众弟子东渡。鉴真佩服荣睿、普照的意志，安慰他们不必担忧。只要不放弃，就永远不是失败者，总有达到目的的一天，答允尽一切努力，用一切方法来完成东渡计划。荣睿和普照一听这番话，脸上的表情如同阳光驱散了乌云一般。

鉴真、荣睿等人以坚定的决心、必胜的信念，继续筹备东渡之事。上次官府没收的东西都发还了。除了再备些粮食以外，主要还是船的问题。一旦船有了着落，随时都可以动身了。在扬州打造船是不可能了，可是又到哪里去弄到一艘能在海上远航的大船呢？鉴真说："大家都四处打听一下，多方设法。不能造船，难道还不能买船吗？"当年十二月，经鉴真和尚出资，与荣睿等设法以80贯钱买下了岭南道采访黜置使刘巨鳞所属的军船一艘，粮食既济寺有六十石，加上这次筹备的四十石，总共一百石。佛像、佛经、药材、香料准备好了，鉴真接过来清单看，上面写有：落脂红绿米一百石，甜豉三十石，牛酥一百八十斤，面粉五十石，干胡饼两车，干蒸饼一车，干薄饼一万个，番拾头一车半；画五顶像一铺，金泥像一铺，六扇佛菩萨障子一具。佛具有漆合子三十具，月令障子一具，行天障子一具，道场幡一百二十口，玉环

手幡八口，铜瓶二十口，螺钿经函五十口，大铜盂四口，竹叶盂四十口，大铜盘二十面，中铜盘二十面，小铜盘四十面，一尺面铜碟八十面，小铜碟二百面，珠幡十四条，白藤簟十六领，五色藤簟六领，花毡二十四领，袈裟一千领，裙衫一千对，坐具一千床；金字《华严经》一部，金字《大品经》一部，金字《大集经》一部，金字《大涅槃经》一部，杂经、论、章疏等一百部；胡椒等香料六百余斤，毕钵、诃梨勒、阿魏、石蜜、蔗糖等五百余斤；罗璞头二千枝，麻靴三十只，青钱万贯，正炉钱万贯，紫边钱五千贯……雇好了18名水手，准备出海。同行的除鉴真外，还有祥彦、道兴、德清、思托、荣睿、普照等僧众17人，连同随船带去的建筑、

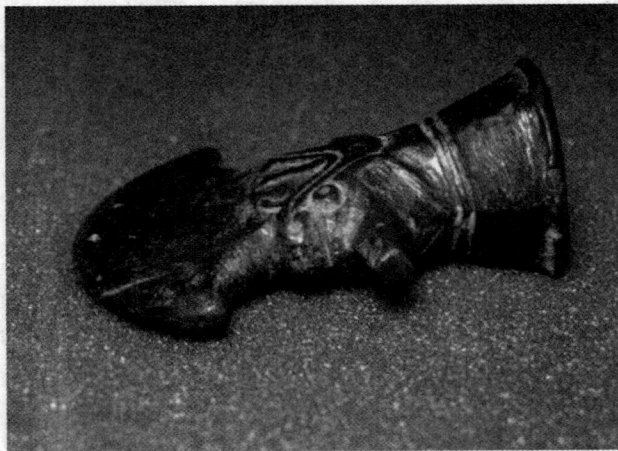

雕檀、刻镂、玉作
人、铸写、修文、
镌碑、画师和绣
师等工匠共计85
人。

一行人于天
宝二年（日本天平
十五年，743年）
十二月从扬州举帆启程东渡。不幸的是
他们的船才由扬州东下，行至到长江口浏
河附近的地方狼沟浦（今江苏太仓的狼
港），遭到恶风巨浪的袭击，船体破损，
不能前行。船上的人只得暂时离船，众人
被迫登岸，潮水沪上岸滩，水到腰部。时
值隆冬，天寒风急，大家冻得瑟瑟发抖，
样子很狼狈。船只既然已损，鉴真决定上
岸先住下，待船修好再出航。岸上也没有
什么人家，僧人和工匠们开始折芦苇生
火暖身，烧水做饭。第二次东渡又以失败
而告终。这次失败没有伤鉴真东渡的信

念动摇，他继续修理船只，准备再次起航东渡。

那时候，中国和日本之间的交通往来有两条海路，一条是北路，一条是南路。北路是船从日本的壹岐和对马出发，经过朝鲜半岛的南端，横渡黄海，转渤海到中国的山东莱州等地登陆。这条路风浪袭击较少，比较安全。7世纪以前，日本派遣到中国的使节大多走的是这条路线。7世纪以后，朝鲜半岛上的新罗成了霸主，对不断到朝鲜半岛劫掠的日本怀有戒心，阻挠和袭击日本过往船只的事时有发生。

于是前来中国的日本使节不得不冒大风大浪的危险，改走南路，由日本的南岛或筑紫，横渡黄海，经舟山群岛从扬州、明州登陆。一般来说，冬季海上风浪比较

平静，危险也小，许多从中国回日本的船只都是选在冬季起航，所以鉴真也选这个季节由南路渡海。但是，东海上的季风在春夏多为西南风，秋冬多为东北风。在冬季由西南的扬州、明州向日本航行，经常会遇到逆风，风险极大。鉴真一行的船只出海不久，便遇上逆风，那时人们行船主要靠风力，所以不得不在下屿岛停靠下来。由于科技的落后，当时人们在天文方面知识比较欠缺，遭风浪袭击的危险比较大。

3.第三次东渡

这次航行是在第二次东渡失败的一个月之后。船行了数日又遇上大风浪，只好下锚，停靠在海湾，等着海风变小，一等又是一个月。终于又等到了顺风，军船

扬起风帆，靠着风力，劈浪向前驶去。行了数日，天空突然云遮雾罩，海面又起风浪。船老大指挥水手赶紧落帆，向附近的桑石山岛驶去。天色越来越暗，人们挤坐在一起，随着船体的动荡努力保持着身体的平衡。不知过了多久，突然，"砰"的一声巨响，船体触礁，海水很快冲进了船舱。人们惊慌失措地喊叫着，纷纷往外跑。这次损失严重，船沉入海里，满船的粮食、淡水、经卷、佛像和药材等散落海底，有23人遇难。鉴真内心极其难过，这真是一场灭顶之灾啊！那么多人丧失了生命，活下来的人没有了船，又困守在孤岛上，东渡大业难道就要这样付之东流吗？想到玄奘西天取经，历经九九八十一难。而他们才经历了两次磨难，也许东渡的路上还有比这更严酷的考验在等着他们呢。想到此，鉴真召集弟子们做法事，给牺牲的亡灵超度往生。没有吃，没有喝，一天过去了，除了茫茫大海什么都没有出现，大家岂不是要被困死在这个岛上。荣睿和普照内心的沮丧更是无以言表，面对大家的困境和情绪，他们不知所措，带着深深的歉意向每一个幸存的人点头鞠躬。鉴真见大家情绪低落，召集众人到身边，大声鼓励道："这次下海，触礁沉船，让大家受苦了。现在，我们没有船，也没有吃的，没有喝的，但是我们不能气馁，更不能等死！求生的办法总是会有的！自救天救，自助天助。大家振作起来，不要坐着躺着，起来到处走走，看看这个岛上有什么可以活命的东西！"说完，他带

头大踏步地向岛屿深处走去。祥彦、思托如影相随，其他人见状，也都开始行动了，纷纷走过乱石……走到岛子的深处，便能看到一些植物，思托发现一种野菜，采下来给鉴真看："师父，这可以吃吗？""这不能吃。这叫雷公藤，老百姓叫它五步倒，是一种剧毒草药。不过配药可以医治风湿病。"这顿野餐分成了两个阵营。一方是生吃海味的水手、匠人；另一方是吃素的僧人。不管是海味还是野菜，都那么让人难以下咽。夜晚，海风呼啸，刮得比白天还要猛烈。僧人和水手、工匠们背靠挡风的石头挤在一起，互相以身体取暖。第二天，风小了一些，澄观和德清靠坐在大石前，望着不远处水手和工匠

们捉来鱼蟹吃着，澄观实在忍不住，暗地里偷吃鱼，被德清发现。德清痛心疾首地回身望着他："宁舍身命，不舍持戒。你糊涂啊！"澄观的声音带着可怜的恳求："德清，我再也不敢了，求你别告诉师父！""我可以不说，但你得自己去师父那里悔过。""不。德清，我没有脸面见师父。你就帮帮我吧！"看德清不帮忙，澄观悲哀地向海水走去，半个身子已经走在海水里了。这时，思托、义静也赶了过来，一起跃入海水里，将澄观拖上岸。

在生死关头，是持戒第一，还是求生第一，这是摆在鉴真面前的难题，他一时不知如何是好。"师父，弟子实在熬不过饥肠之苦，为图活命，破戒吃鱼。澄观深知，破戒心堕地狱。"澄观哭诉着，"师父，现在弟子已经在地狱中了。请求师父救度啊！"鉴真的目光从澄观的脸上移开，环顾大家，三天下来，无论僧人还是水手、工匠，都一个个衣服单薄，面容憔悴。他们表情复杂地看着澄观，也看着自己。"菩萨戒之'十重戒'是什么？"鉴真口气沉重地问道。众弟子齐声回答："一杀戒、二盗戒、三淫戒、四妄语戒、五酤酒戒、六说四众过戒、七自赞毁他戒、八悭戒、九嗔戒、十谤三宝戒！"

沉默片刻后，鉴真口气和缓地说道："无论是五戒、八戒、菩萨戒乃至沙弥具足戒，都把杀戒例在第一条。为什么？为什么历来的大德们'走路恐伤蝼蚁命，为护飞蛾纱罩灯'？就是害怕不小心犯了杀戒，而丧失了慈悲之心。我们都知道，凡是正式受戒素斋者，都有宁舍身命，不能破戒的誓言。"佛家对犯戒之人的惩罚是很严重的。可是在今天，以东渡日本传授戒律为使

命的鉴真大和尚又
会如何惩罚澄观这
个不争气的弟子呢？
鉴真的目光越迁弟
子们投向虚空，缓缓
地说："大千世界，
生命都在循环之中，
每一个生命也往往

是靠另一些生命来滋养的。出家人犯戒
本不可饶恕，但是如果为真正利益众生，
在特殊的时刻，特殊的地点而破戒者，戒
律上也有许可之处啊。"

　　这事之后僧人们还是跟着师父捡拾
野菜、海菜充饥，连澄观也不再暗地里偷
吃鱼虾了。三天后风平浪静，他们才被附
近渔民所发现。给他们留下一些淡水和
干粮，并回去禀告官府。不久，鉴真一行
被明州太守派大船救上岸，僧人们被安
排在阿育王寺。至此，第三次东渡又失败
了。众人康复之后，不愿随鉴真东渡的人

纷纷离开，工匠中只有周士杰、陆达、琼花留了下来。

在阿育王寺住下来后，附近寺院的僧人闻讯而来，纷纷恳请鉴真去宣讲律学，设坛授戒。鉴真有求必应，带着弟子们周游各寺，同时也乘此机会四处化缘，为下一次东渡筹集资金、置办物品。时光一晃已过了夏天，鉴真一行刚从杭州讲律授戒返回，越州龙兴寺就派人前来邀请了。当他来到龙兴寺后，第一件事便是向佛阁里供奉着的道岸画像，烧香点烛，磕头礼拜。鉴真来龙兴寺讲律授戒，立即在越州引起轰动，前来听律受戒的僧侣、居士、善男信女络绎不绝。仿佛又回到了当年道岸大师活着的时候，当时的情景就是这样门庭若市，风光无限，打破了龙兴

寺多年的清静。香火钱日进斗金，这是重振龙兴寺的契机。结束了巡回讲法之后，鉴真回到了阿育王寺，准备再次东渡。此事为越州僧人得知，为挽留鉴真，他们向官府控告日本僧人诱骗中国大德高僧鉴真欲往日本。越州府立刻派人前往捉拿，普照逃脱，荣睿被抓。荣睿是外籍僧人，越州府不好处置，要将他解往京城。荣睿戴枷，在两个衙役的押解下，风餐露宿，一步一步由明州走向京城长安，那路途的艰辛可想而知。但这一切，荣睿并不感到可怕，让他身心俱焚的是东渡的计划又一次成为了泡影。为了救荣睿，鉴真来到越州，去贺知章府上拜访。因为他官拜秘书监，在官场上多有部下和朋友。所以请他想办法疏通，救荣睿一命。

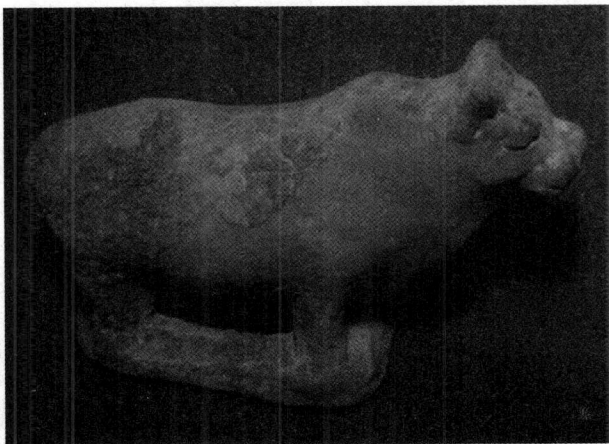

于是贺知章给他的好友杭州庄太守写了
一封信，请他帮忙。祥彦和思托带着贺大
人的信匆匆赶往杭州，杭州是荣睿被解
往京城必经之路。临行前，嘱咐二人去找
广济寺方丈帮忙。荣睿心急如焚，身患重
病，衙役只好将他弄到杭州再说。在杭
州城玄朗偶然看见被押解的荣睿师兄，
站在荣睿面前的是已经还了俗的师弟玄
朗。第一次东渡，如海诬告，荣睿、普照
被扬州府关押四个月，而玄朗则有幸逃到

一条商船上躲避，从此玄朗人生发生了一百八十度的大逆转。玄朗还俗了，和商人的女儿结婚，他现在是江南的商人。由于荣睿的案情原因，玄朗没有能力救他，只能去狱中探望，请医生为已经昏迷不醒的荣睿治病。之后由广济寺方丈出面，保释就医。伪称"病死"，才得以逃离。为保守秘密，广济寺方丈同意玄朗的提议，将荣睿接到玄朗在杭州的府中继续疗养。见荣睿病有了好转，祥彦和思托就赶

回明州，向师父报信，以免师傅担心。第三次东渡就此作罢。

4.第四次东渡

荣睿、普照二人，为了日本的佛教事业，漂洋过海，在异国他乡矢志不渝，百折不挠，虽历经万般艰苦，毫无退悔之意，这种为佛教而献身的精神深深打动了鉴真。为了完成这一夙愿，鉴真派遣大弟子法进，带了两个管事，携带"轻货"（即名贵货物）前往长乐郡（今福建福州）变卖，之后买船，同时采办粮食用品，为第四次东渡做准备工作；同时又亲率祥彦、思托、荣睿、普照等三十余人，一路巡礼佛迹，取道南下福州。登山越岭，县经临海郡（今浙江台州），准备入永嘉郡（今浙江温州）进入闽境。取道南下福州，去和法进等人会合，乘坐由福州购买

的船只，再度起航。不料此时又发生了意外，使东渡计划又一次落空，祸端竟然是他的高徒灵佑。自鉴真和尚天宝二年冬离开扬州后，扬州诸寺院的僧侣对鉴真的离开非常惋惜。他们极其关心他的安危。他的弟子得悉他准备从福州出海，乃会同扬州各大寺院的三纲（三纲即上座、寺主、维那，为住持佛寺的僧职）商议，说："我师大和尚发愿去日本国，登山涉海，数年辛苦，未能到达；沧溟万里，死生莫测；可共告官，遮令留住。"于是，他们联合向官府申诉，请官府出面阻拦。江南东道采访使接到扬州采访使转来的申告书，便下令所属州县追寻鉴真一行的行踪，并拘禁所辖内诸寺院的三纲。寻迹到黄岩至永嘉途中的禅林寺，才将鉴真和尚一行截住，辗转送回扬州，并下令加强守护。回到扬州

后，官府害怕鉴真再次东渡，索性将他软禁在崇福寺。

扬州僧俗得悉鉴真和尚回扬州，纷纷前来庆贺，顶礼慰劳。但鉴真和尚却满腹忧愁，对因弟子的阻拦使东渡未成深感痛心，对灵佑的举动极为不满。灵佑为祈求师父的宽恕，每夜从龙兴寺赶到崇福寺，在师父的门外从一更站到五更，一连站了60天，无论刮风下雨，每天照旧。再加上各寺院的三纲和高德僧侣不断前来解释劝说，最后灵佑得到鉴真宽恕。灵佑和五六个曾经反对鉴真东渡的僧人，也改变了态度，愿意随鉴真东渡弘法。荣睿、普照怕为鉴真添麻烦，决定暂时离开扬州，等待机会。四次东渡失败，仍未能

动摇鉴真东渡传法
的决心。

5.第五次东渡

一晃三年时间
过去了,扬州官府对
鉴真的监视渐渐放
松了。天宝七年(748
年)春,荣睿、普照

由舒州(今安徽潜山)同安郡至扬州崇
福寺,又和鉴真和尚相会,商议第五次
东渡,之后即着手造船购粮,准备东渡。
至六月,准备完毕。这次同行的僧侣有
祥彦、神会、思托、光演、顿悟、道祖、如
高、德清、日悟、荣睿、普照等人,连同水
手及其他随同技术工人,于六月二十七日
从扬州崇福寺出发,再到扬州新河,乘船
下到常州界的狼山,风高浪急,很快便
到了越州境内的三塔山,在那里停泊了一
个月;遇好风航行到署风山,又停了一个
月。当再次启程,到东海时,遇到了东北

风，风涛起落，又把他们吹向西南方向。在海上的来回折腾，耗费了不少积存物资。普照只能每日给同行的人于中午时分发少许生米以充饥。舟中淡水又已用尽，半粒米都难以下咽。海水又无法饮用，碰到雨天，才有少许接济。如此艰苦漂行了14天，仍未能到达日本，而是漂到了海南岛的南端。振州别驾冯崇债得悉鉴真和尚到来，立即派兵400人出至州城迎候，安置他们在州内大云寺。在这里，鉴真留居了一年。在他的主持下，修缮了大云寺的佛殿。冯崇债亲自率兵八百余人，护送鉴真一行直至万安州。在万安州受到土豪冯若芳的款待，供养3日。然后从海路抵达崖州（今海南琼山）。崖州游奕大使张云出迎，将鉴真和尚安顿在开元寺。在

崖州,鉴真又主持重建了当地因火灾烧
毁的佛寺,并再次登坛授戒,宣讲律学。
不久,离开崖州从始安郡(今广西桂林)
乘船循桂江东行,经苍梧郡到达高要郡。
不幸的是,荣睿因长期辛苦跋涉,染上重
疾,无法救治而圆寂。荣睿的去世,使鉴
真深感哀恸。办完荣睿的丧事后,鉴真启
程往南海郡(今广东广州)。在广州逗留
一个春天后,又乘舟北行,至始兴郡(今
广东韶关)分别。鉴真自云余姚郡阿育王
寺,临行前,他依依不舍,握住普照的手
悲泣道:"为传戒律,发
愿过海,遂不至日本国。
本愿不遂,于是分手,感
念天喻!"这一年是天宝
九年(750年)。也是在这
一年,鉴真因长期受暑
热,身心不佳,患了目疾,
虽经治疗,仍不能奏效,
终至双目失明。对于这位

63岁的老人来说，双目失明确实是一个很沉重的打击。当他们行至吉州（今江西吉安）时，鉴真又遭到了一次致命的打击：始终如一追随在他左右的大弟子祥彦也因病去世了，这对鉴真和尚来讲更是雪上加霜。经过种种打击后，鉴真心情沉重地经江州（今江西九江），登庐山，再乘船由长江东下至江宁（今江苏南京），遍历金陵著名丛林。弟子灵佑听师傅来到江宁，从栖霞寺赶来迎接，一见师父，五体投地，悲泣不已，留师傅在栖霞寺住了3日。在弟子的陪送下，鉴真渡过长江到扬州的新河，回到既济寺。这样鉴真结束了近三年颠沛流离的生活，走遍大半个中国，行程万里，所经州县，立坛授戒，有求必应。他外秉威仪，内求奥理，把《律钞》《轻重仪》《羯磨疏》等律学经典向诸州僧众反复宣讲。即使在双眼失明看不见文字的情况下，鉴真也靠着过人的记忆力一丝不苟地将所学之识传达出去。讲授之会，他还造立寺舍，供养十方众僧。鉴真又从既济寺回到大云寺，一方面等待时机再次东渡，另一方面，又像过去那样，在龙兴、崇福、大明、延光等寺讲律、授戒，从不间断。所不同的是人已经变得苍老，且双目失明。

虽然第五次东渡以失败告终，但是鉴真弘扬佛法，以他坚强的意志，慈悲的心怀，为人们拨亮心灵的明灯。一千多年过去了，在他留下足迹的许多地方，人们仍然保留着供奉他的寺庙。在海南岛，当代人为这位伟大僧人和

弟子们塑造的巨大群雕屹立在三亚的海边，让他的精神光照千秋……

鉴真前五次东渡失败，其中有两次是自然的险阻，三次是人为的干扰。无论是出于恶意还是善意，其实他们不懂鉴真心思，不了解他的思想和远大的报负，因此破坏了东渡计划，使他的东渡显得更加的漫长和艰辛。

鉴真认为中日两国的文化交流是时代发展的必然，因此始终有一股强大的力量支持着他准备作出第六次东渡壮举。

6. 第六次东渡成功

海上的风险，人为的阻挠，都改变不了鉴真东渡的决心和意志。在五次东渡失败后，鉴真不顾自己已年近古稀，且双目失明，仍以"不遂本愿，绝不罢休"的顽强毅力，继续进行第六次东渡。

天宝十一年（752年）日本第十次遣唐使来到长安。遣唐使船的到来，让普照看到了请师父东渡的希望。普照决定启程，他要在京城面见日本大使，希望遣唐大使能以日本官方的名义亲自邀请鉴真大师去日本传法。普照见到三位大使，陈述了他与荣睿一起请鉴真东渡的五次磨难，郑重地将敬请鉴真大和尚东渡之事拜托给了大使们。时过境迁，日本的政界、佛教界也都发生了一些变化。这些大使除了副使吉备真备以外，其他人对二十年前隆尊大师和舍人亲王上奏天皇，两个日僧奉诏来大唐礼请高僧的事情不太明了。大使藤原清河只是应付般地表示知道这件事了。普照心里颇为沮丧，大伴古麻侣上次听了普照的陈述，被大唐高僧鉴真的精神深深地感动，他

决心要成全此事。听说日本遣唐使船来到大唐后，住在扬州大明寺的鉴真就开始筹划了，他让弟子思托和法进暗中准备东渡的佛具，物色技能超群的工匠。同时派人前往明州去寻找普照，可惜到了明州，普照已前往长安。天宝十二年（753年），日本第十次遣唐使藤原清河、副使大伴古麻吕、吉备真备等一行，来到扬州拜见鉴真和尚。藤原清河说出此次来的目的："我们得悉您曾五次渡海东去，准备向日本国传教，钦敬无比。便奏请皇上准许您随船前往日本，但皇上要求再邀两名道士一齐赴日。日本朝野兴盛佛教，天皇并不尊崇道教。如果请两位道士回去，天皇恐怕也会怪罪的。如果我们拒绝了圣上派道士去日本的旨意，单请您东渡，显然不妥。最后我们无奈撤回邀请奏折，不作正式邀请。不知大和尚是否还有东渡之愿,请大和尚自行决定。"三位大使表示,如鉴真大师自愿前往,则乘便船赴日,使团可以协助。鉴真和尚当即允诺,愿意赴日,了却心愿。然而,日本大使专程到大明寺拜见鉴真大和尚,引起了官府的警惕,他们深怕鉴真再次东渡,决定对大明寺再次实行警戒。但是这并不能阻挡住鉴真东渡的决心,他让弟子们暗中进一步落实物品和东渡的人员。法进说:"师父,僧团的名单都已经确定,连工匠一共24人。所携带的物品虽然不可能像前两次那样完备,但也是很充足的。"弟子灵佑也愿意随师父东渡弘法,鉴真轻咳一声,说:"灵佑,你的心情为师能够理解。但是,

我走以后，江淮一带，传律布戒，救度众生之大任，非你莫属。你留在大唐，任重而道远。"鉴真和尚于十月二十九日夜黑后，趁人不备由徒弟护送，秘密出龙兴寺。在江边，普照在灵佑的船上焦急地等着。一会儿，见琼花和陆达也带着几个僧人赶来，大家见面，自然欣喜不已。这时，有沙弥24人，赶至船上悲泣相送，具言大和尚今赴日本，今生已无缘拜见，请求预结来生之缘。鉴真和尚也不胜依依，当场为这24人摩顶授戒。随即连夜起航，前往苏州附近的黄泗浦，搭乘遣唐使团回国的大船。

这最后一次同行的有扬州白塔寺法进、台州开元寺思托、泉州超功寺昙静、扬州兴云寺义静、衢州灵耀寺法载、窦州开元寺法成等14人；其中思托、昙静、法

载3人是第一次东渡时就发愿前往的，尤其是思托，前五次东渡都曾随行，艰苦与共，在前后12年中备尝辛酸，后来又为了追思大师的活动，曾撰写《大唐传戒师僧名记大和尚鉴真传》3卷，可惜失传。同行的藤州通善寺尼智首等3人，扬州居士潘仙童等3人，以及胡国人安如宝、昆化国人军法力、眷波国人善听等，总计24人。

此次东渡随带的物品有《大方广佛华严经》等各种佛经、论、疏等84部，共三百余卷以及王羲之、王献之父子真迹行书及其他名家书法数十帖。佛具有如来肉舍利三千粒，玉杯水精手幡四口，菩提子三斗，青莲花二十茎，玳瑁叠子八面，阿育王塔样金铜塔一座。佛像有功德绣普集变一铺，阿弥陀佛如来像一铺，雕白旃檀千手像一躯，绣千手像一铺，救世观音像一铺，药师、弥陀、弥勒、菩萨像各一躯。鉴真和他的东渡僧团共38人到达黄泗浦后，大使藤原清河将他们分散安排在其他船上，只将鉴真及思托、法进留在自己和晁衡所乘的第一船上，然后，四条船停泊在堤岸边等待着顺风启程。此时大家非常着急，没有正式邀请，鉴真东渡，离开扬州，如果被官府发现，会引起两国外交的麻烦。日本遣唐使正使藤原清河不敢带鉴真一行去日本，与其部下发生争吵。"一旦地方官府来查，就可以告诉他们，身为副使的大伴古麻吕，胆大包天，在大使不知内情的情况下，私下邀请鉴真大和尚东渡。"大伴古麻吕真诚地说："藤原清河大使，就请大和尚上我副使的二号船吧。一旦出了问题，由我承担。"唐天

宝十二年十一月十五日，风向转顺，夜半，日本第十次遣唐使的四条大船解缆同发。刚刚行驶出港，一只不知从哪里飞过来的野鸡，一头撞在了大使的一号船头上，藤原清河觉得这是个凶兆，随即下令停船，到第二天才又重新启航。十六日这一天，风和日丽，遣唐使船相继驶出长江，进入东海。走了七天，便非常顺利地到达了阿儿奈波岛，在这里停泊了二十多天等待南风，到十二月六日，才又顺风前行。可惜大使的第一号船不幸触礁不能动了。而第二、第三船则第二天到达了益救岛。过了几日，待他们离开益救岛后，老天突然变脸，在急风暴雨旦，船只能被动地颠簸在翻江倒海的怒涛中，一会儿冲上浪尖，一会儿又沉入谷底。藤原清河大使

的第一号船因为触礁而停下来修补，刚刚修好就遇上了这次海上风暴，很快船就失去了控制，他们不知道自己乘坐的船正在被风浪急速地向南方推去，离日本越来越远了。而鉴真乘坐的第二船，又经过一天一夜的漂泊，终于在十二月二十日抵达日本九州南部的萨摩国阿多郡秋妻屋浦（今鹿儿岛）。鉴真结束了11年的艰苦行程，终于实现了夙愿。此时，鉴真已是66岁高龄的失明老人。

幸亏鉴真没有乘坐藤原清河大使的第一号船。藤原清河的船队在航行中遇到了风暴，结果鉴真乘坐的副使的第二号船，幸运地逃离了风暴中心，以半漂流的状态到达日本，而藤原清河的大船，却被大风吹到了越南中部，结果

与当地人发生冲突，全船180人，有60人遇难！虽然藤原清河和晁衡得以逃回长安，但因起初得不到确切消息，都以为他们遇难了。在南方漫游的李白听说了好友晁衡在海上遇难后，悲恸欲绝，诗人挥笔作诗哭悼："日本晁卿辞帝都，征帆一片绕蓬壶。明月不归沉碧海，白云愁色满苍梧。"李白将这首《哭晁卿衡》的诗从苏州寄给王维后，很快就传遍了京城。而那位藤原清河，最后因路途艰险没能再回日本，在唐朝做到秘书监的职务。777年，第十一次遣唐使来华的时候，本打算带他回国，但没等出发他就病死了，他的女儿最终随遣唐使团回到了日本。

四、鉴真东瀛传佛法

　　自743年第一次东渡失败，经过了整整11年的岁月，已是66岁暮年的鉴真终于踏上了日本的土地。天宝十二年十二月二十六日（754年1月23日）鉴真一行又抵达太宰府（今日本九州北部福冈东南），受到了盛大的欢迎。遣唐副使大伴古麻吕于日本天平胜宝六年（唐天宝十三年，754年）正月将第二船安全回国以及唐高僧鉴真同船到达日本的情况上奏圣武太

上皇。鉴真等离开太宰府，继续登船北
上，于二月初一鉴真一行到了奈良县地难
波（今大阪），受到了先期到达日本的中
国和尚崇道等欢迎。初三，到达河内国府
（今奈良县境内），受到内阁次官藤原仲
马侣所派代表的欢迎，道璇也派弟子代
表他前往欢迎，还有日本高僧志忠、贤
景、晓贵等日本佛教界名人。次日，鉴真
一行到达当时日本的首都奈良。朝廷已
派安宿王作为天皇的代表，以刺使名义
在首都奈良的正门罗城门外等候欢迎。

在安宿王的导引下入住东大寺，之后皇族中的权贵纷纷前来礼拜。初五，鉴真在东大寺接受了当时日本佛教的领袖——先期来日本的中国和尚道璇以及同来日本婆罗门僧正菩提仙那和东大寺的住持良辩的拜谒访问。三月的一天，天皇派遣唐副使吉备真备前往东大寺慰问鉴真，并宣诏抚慰，还授予鉴真及普照、思托、法进等八人"传灯大法师"的称号，诏书上说："自今起授戒传律，一任和尚。"并赐鉴真绢20匹、缡20匹、粗布30匹、细布100匹，其余人等各给一半。

日本天平胜宝六年四月五日，鉴真在东大寺举行了空前的大法会，主持日本佛教界从未有

过的盛大的授戒仪式。他身披袈裟，庄严站在戒坛上，表情安祥；其他弟子也在各自的位置上如玉树临风。

在幡幢飘扬、香烟缕缕、钟鼓齐鸣中，圣武太上皇、皇太后、孝谦天皇等皇族成员依次登坛，以严格的三师七证为他们授菩萨戒。事后，鉴真又为沙弥四百余人授戒。这一下，就等于说给日本佛教的旧制给予了致命的冲击。在鉴真到日本之前，日本基本没有授戒制度。即便是有，也是小规模的，并且极不正规。鉴真去日本后，马上在都城奈良的东大寺设立戒坛，这是日本佛教史上正规授戒的开始。

鉴真成了日本家喻户晓的大唐圣僧，随着前来受戒的人数与日俱增，天皇决定新建一个正规的戒坛院，专供鉴真师徒传律授戒。日本天平胜宝六年（754年）五月初一，天皇下旨在东大寺卢舍那佛殿西边兴建戒坛院，次年（755年）九月竣工。这个戒坛院至今还保存在日本奈良东大寺内，成为日本的一大古迹。东大寺建立戒坛院，作为日本全国的中心戒坛，与后来建立的西部筑紫观世音寺戒坛（筑紫，今日本福冈）、东部下野药师寺戒坛（下野，今日本栃木）合称为"天下三戒坛"。鉴真在东大寺戒坛院为日本高僧志忠、贤景、灵福等八十人授具足戒。

东大寺戒坛院的建立，标志着崭新的正统授戒制度开始。755年，日本朝廷敕令在东大寺内建唐

禅院，作为训练和教育僧侣的场所，由鉴真亲自经营管理。在唐招提寺建成前，鉴真一直居住在这里。他特地做了36个牌位，将东渡过程中的36位牺牲者供奉在唐禅院，天天诵经超度。

日本朝野对鉴真大师是非常尊重的。天平胜宝八年（756年）五月二十四日，天皇朝廷任命鉴真大师为"大僧都"（佛协主席），以最高的僧管身份管理日本的僧佛事务，任命鉴真弟子法进为律师，思托、普照等人也成为奈良佛教界的重要人物。鉴真统领僧尼，之后天皇又以大政官处分的方式宣布：将过去供奉圣武天皇的米盐，转供鉴真大师和法荣大师二人。这个决定一时震惊朝野，轰动日本。天平宝字元年（757年），鉴真最主要的支持者孝谦天皇在宫廷斗争中失势，以及受到旧教团势力的影响，758年，天皇下旨以"正事烦杂，不敢劳老"为名，解除了鉴真"大僧都"一职。鉴真以平和的心态面对，专心致志地讲律传道。

东大寺的唐禅院是训练和教育僧侣的场所，由于朝廷的推崇，各地僧侣纷纷慕名而来。日本寺院有规定，不供养外来和不相识的僧侣；即使偶尔供养，也仅限三天，之后食宿自理，所以远道而来的僧侣只能风餐露宿，这点与中国有天壤之别。在中国，僧侣凭僧牒可以云游四方，挂单食宿，不限时间。荣睿、普照等日本僧人，在中国学习、云游各地，从未交过食宿费用。为了供养各地来的僧侣，在鉴真的呼吁下，天皇

把备前国（今日本冈山县）的水田100町赐给唐禅院。有了固定收入，但受戒者越来越多，百町收入也是杯水车薪。鉴真想建立一所规模比唐禅院大得多的寺院，设无遮供（无遮就是没有遮拦，指不分贵贱、僧俗、智愚、善恶，一律平等看待。无遮供，佛语，指对各种僧人不加分别的供养），为前来学习的僧侣提供免费的食宿，以实现来日本弘扬佛法的大愿。

759年，在天皇赐给他的一块土地上，鉴真率领弟子们建成日本律宗的总本寺——唐招提寺，教谦天皇亲书"唐招提寺"四字，悬于讲堂。在鉴真及其弟子的经营下，短短几年时间内，唐招提寺

已能与当时日本几个较大的官寺如东大寺、兴福寺和大安寺等相提并论，成为日本僧徒的向往所在，是当时日本最有影响的寺院。唐招提寺的做法，是把日本的佛教由贵族层面推广到大众层面，这在日本佛教的发展史上产生了深远的影响。

鉴真带到日本去的有48部经典，其中很多属于戒律著作。这些律学著作对于鉴真在日本传法弘律至关重要。唐招提寺建成后，鉴真在寺内传授佛法，弘扬经律，并负责整个日本僧人戒律的学习培训。鉴真的弟子们也赴各地并戒授律。

律宗由中国传至日本，并不始于鉴真，但把律宗的教义完全传入日本，使之

建立并成为佛教中一个独立宗派，却应该归功于鉴真和他的弟子们，从而使中国的律宗在异国他乡得到了弘扬。鉴真东渡，将唐代发展成熟的律学传入日本，这对唐代律宗的发展来说也是一个里程碑，在律宗思想发展史上有它不可替代的地位。时至今日，日本律宗还有以唐招提寺为本山的律宗与以西大寺为本山的律宗等派别。日本人称鉴真为"日本律宗的初祖"。总之，鉴真大师在日本备受尊崇，为日本佛教作出了巨大贡献。

鉴真到日本弘法并不一帆风顺，日本佛教界中的旧势力处处刁难。对于鉴真的到来，日本佛教界的头面人物虽然也是

热情地表示了欢迎，但是见到天皇不仅
对鉴真以及唐僧给予隆重的礼遇，还下
诏授以重任，将日本佛教授戒传律诸事
宜交给他们全权办理，这让他们的心理
很不平衡。难道在朝廷那里，真是外来的
和尚会念经吗？

　　高僧贤景、志忠想要看看大唐高僧
的能耐，两人来到主管佛教的安宿王府
向他提出了一个看起来冠冕堂皇的请
求。贤景说："安宿王阁下，贫僧有一事相
求。目前流传到日本的所有佛教经典，都
是从大唐或经
新罗、百济和
高丽传入的，
由于互相传
抄，以讹传讹，
错漏百出，甚
至一部经文有
好几个抄本，
找不出一个标

准的本子，据说鉴真大和尚博涉经论，能否请他将所有的佛经加以校正呢？安宿王一听这话，使劲摇头："你们这个请求太过分了。鉴真眼盲有所不便，怎么能校正佛经呢？"贤景嘴角微微一笑："他是看不见。但我们可以让人念给他听。"安宿王又一副不忍心的表情："他已经是年过花甲的老人了，记忆恐怕也不会那么好吧？"志忠说："他是特意来日本

传法的大唐高僧，校正佛经，对他来说不过是区区小事而已。再说，他的记忆不好不是还有那么多弟子吗？"

　　得知朝廷请求鉴真校正佛经，弟子们都不愿意了，明明知道师父眼盲，怎么能去校正佛经呢？思托十分不解："这事我们弟子都可以完成，为什么点名要师父去做呢？"普照知道这是日本佛教界一些僧人的褊狭之心在作祟，他不客气地点中要害，说："他们提出这样的要求，就是故意为难师父。"鉴真却不这样认为，向他们摆摆手说："你们都不要多想。身为佛子，校正佛经，义不容辞。"于是，鉴真除了操心戒台的修筑外，便全力投入了校正佛经的工作。他端坐在经堂，听着僧人捧佛经照本宣科，念到不对的地方便叫停，指出错谬，再由旁边伏在案上的几个僧人执笔校对修改。

一次，他们正在校正《金刚经》时，忠志和贤景悄悄地走来，隔着纸屏细听。那时候日本僧人念佛经均用汉语，只听僧人念着："须菩提。于意云何。可以身相见如来不。不也。世尊。不可以身相得见如来。何以故。如来所说身相。即非身相。佛告须菩提，若见诸相非相，即见如来。"鉴真说："停，这里丢了一句。应该是'佛告须菩提，几所有相，皆是虚妄。若见诸相非相。即见如来'。"接下来的段落中，鉴

110

真又指出了几处错误，
纸屏后的志忠和贤景不
由得对视一眼，不得不
承认这一招没有难住鉴
真。

一计不成又生一
计。见鉴真精通医术，
弟子们也给日本的僧人
们讲授医药法，他们又
摆出虚心请教的样子，
也不知从哪里弄出一些陈年草药，鼓动
朝廷的医官将这些陈年草药混到一起，
装在筐里，端到了鉴真的面前。

这天，他们还弄来很多医官和僧人
观摩，想让鉴真在众人面前出丑。普照、
法进和思托气得不行，但此事师父已经
答应了，也只有无奈地站在师父的身后。
只见医官跪在鉴真面前，恭敬地说："自
大和尚高徒法进律师在大安寺讲授大和
尚的医药法后，才发现许多的日本医师在

施药时，常常把药名和药物搞错，延误治病救人。请大和尚将日本目前流行的草药重新辨别，并传授大唐药法。""哦。可以。"鉴真点点头。他说着向前摸去，从筐里捡出一根草药在手里抚摸一下，拿在鼻下闻闻。说："这是鱼腥草，祛火除湿热。"医师赶快记录。鉴真又摸出一只，闻闻，又放到嘴里尝尝："这是鸡血藤，通经络除风湿。"就这样他放下一个再拿起一个，闻一闻，尝一尝，不但准确地报出了药名而且说出药性："柴胡，去火消炎……柏子，补气养心……"围观的人们被鉴真的真才实学所震撼，一个个露出敬佩的神情。而始作俑者贤景和志忠、法寂等人的表情却越来越不自

在了。

但是贤景和志忠等人并没有善罢甘休，又提议日僧与唐僧举行一场辩论赛，辩题是："三师七证"还是"自誓受戒"？地点在兴福寺维摩堂。由于语言的障碍，高僧这方只能有鉴真最忠实的日本徒弟普照来应战。辩论那天，维摩堂内座无虚席，维摩堂外围满了听众。日僧和唐僧形成两军对垒之势。贤景首先以《占察经》展开论点，滔滔不绝。普照则用《瑜珈论决择分》逐条批驳。辩论双方，你来我往，唇枪舌战。听众中一多半听得一头雾水，但双方的学识也让精学佛理的僧人大开眼界。最后普照以博闻强记和律学义理将对方质问住："请提出你们反

驳的依据!"贤景答不上来。由贤景、志忠等人挑起的这场辩论,在日本佛教界引起了很大的反响,也惊动了天皇和太上皇。但是真理不辩不明,经过辩论,贤景等人也都明白了只有按大唐的授戒度僧制度才能让日本的戒制走上正轨。很快,贤景、志忠等八十位高僧心悦诚服地跪在戒坛前,请鉴真为他们正式授戒。

自此,律宗开始在日本佛教界生根开花,鉴真的弟子们也都分散到了各个寺庙,作为传灯法师讲律授戒。日本佛教界混乱局面得到改观。。

五、中日文化交流使者

　　鉴真的东渡，形式上是一个僧团组织，实际上却是一个规模完整的文化技术顾问团。不仅缔结了两国民间的牢固友谊，而且把当时最成熟的唐代文明全面地介绍到日本去，对日本的佛学、建筑、雕塑、书法、工艺技术以及医药学都作出了不可磨灭的贡献，因此日本人称他为"过海大师"。

（一）对艺术方面的贡献

1.对建筑的贡献

鉴真所处的盛唐时代，寺院建筑艺术已发展到鼎盛时期。他的家乡扬州就有较大的寺院四十多所。鉴真在钻研佛教经典的同时，也研究寺院建筑艺术，在大唐时就建造寺院八十余座，造佛像无数，可谓建筑大师。来到日本之后，他在东大寺建造了戒坛院、唐禅院和唐招提寺。唐招提寺是鉴真和他的弟子们与日本人民合作创建的寺院，结构精巧，布局和谐，气势雄伟。该寺金堂所采用的鸱尾（佛殿甍上两端的装饰）、三层斗拱（木结构建筑中的一种支承构件，处于柱子

屋顶之间，主要由斗形木块和弓形肘木纵横交错层叠而成，逐层句外挑出，形成上大下小的托座，使屋檐大幅度外伸）等建筑方式，完全吸取了唐代建筑的最新成就，对日本的寺院建筑产生了深刻的影响。唐招提寺内红柱青顶的金堂，由鉴真弟子如宝所建，金堂内供奉卢舍那、左胁侍药师如来像、右胁侍千手观音像，以及木雕的梵天、帝释天像、四天王像。金堂、戒坛、讲堂等目前依然存在，是日本现存的天平时代最大的一群

古建筑，金堂被认为是其中最美的建筑。此外还有地藏堂、三晓庵、本愿殿、鼓楼、钟楼等建筑，已被列入世界文化遗产。

2.佛像雕塑与书画方面的贡献。

首先是佛像雕塑方面的贡献。唐代佛像雕塑艺术已经相当发达，雕塑佛像的高手如云。鉴真的故乡扬州到唐代时雕塑艺术已到成熟阶段。扬州的佛像除了泥塑木雕外又有雕工精美的玉雕和干漆夹纻造像，其艺术价值和美学价值极高。

唐招提寺东北部开山堂内，安置着鉴真和尚的坐像，这是鉴真逝世前由思托塑造的。坐像高二尺七寸，是一尊等身大的干漆夹纻像，将鉴真生前的姿态、神情再现于人们的面前。这座塑像造型优美，线条柔和，夹纻技术也达到十分纯熟的地步。在日本美术史上，鉴真坐像是最早的肖像雕塑，被定为日本的国宝，受到特别的珍视和保护。唐招提寺的佛像多为干漆夹纻像。我国塑造夹纻像的历史颇为悠久，早在东晋(317-420年)时就有了这种方法，到唐代很盛行。干漆夹纻法分脱胎干漆和木心干漆二种。前者是在泥塑上敷以麻布，再涂漆反复多次，待干燥后去泥土而空余外壳。后者系在木型上涂漆而

成。这种干漆像分量轻，造型厚实，稳重，对以后日本雕塑佛像也有直接的影响，在日本被称为"唐招提派"。鉴真带到日本的绣像、雕像、画像、金铜像等，给日本的造像和佛画艺术提供了借鉴。

其次是书法、绘画方面的贡献。中国书法传入日本较早，但在鉴真东渡之后盛行。鉴真带到日本的佛经都是手抄本，本身就是中国的书法作品。经过日本僧人的传抄，书法就盛行起来了。鉴真在第六次东渡时带去中国国宝——书圣王羲之、王献之父子等人的书法真迹五十多帖，成为书法家的楷模。"唐招提寺"门额据传为孝谦天皇所书，即系王羲之书体，可见其崇尚之一斑。

唐代是中国绘画艺术迅猛发展的时期，寺院崖窟、墓葬中壁画盛行。鉴真东渡带到日本一定数量的佛画和同行的画师。唐招提寺内也有三间壁画，一些塑像的背后有唐绘画常见的图案，由此可见鉴真东渡对于日本绘画的发展起了一定作用和影响。

（二）对医药学的贡献

据《东征传》记载，鉴真抵日后，除讲律授戒外，还"开悲田而救济贫病"，可见他在那里继续从事医疗活动，传播医药知识。鉴真20岁时，随他的老师道岸律师游学二京（洛阳、长安），当时，道岸的师父文纲、师兄弘景均应召来到京城，鉴真跟随这些名师学习佛学知识。鉴真从学的融济、文纲律师是律学始祖道宣的弟子，道宣与唐代医药大师孙思邈有极深的友谊。他们两人在医学和佛学方面是互相影响、互相学习的。现今治疗神经衰弱的天王补心丸，是道宣自己患心气不

足时创制的。鉴真从老师那里获得许多药方,鉴真后来带往日本的药方"奇效丸",据说就是鉴真通过弘景而得自道宣。

鉴真抵日后,除讲律授戒、传授其他技能外,积极进行医药活动。他初到日本时,因治愈了光明皇太后的疾病,皇室把备前国水田一百町赐给了鉴真。当时日本寺院也置有敬田、悲田、疗病、施药四院。隋唐年间,虽中国医药知识及医药典籍相继传入日本,但日本人对于鉴别药物品种的真伪、规格、好坏尚缺乏经验。鉴真到达后,尽管双目失明,但是,他利用鼻子的嗅觉、舌头的味觉、手指的触觉,将有关药物的知识传授给日本人民,矫正了过去不少错误;同时对于药物的收藏、炮炙、使用、

配伍等知识，也毫无保留地传授给日本人民。

鉴真历次东渡，都携带有大量的药材与香料，据《东征传》记载：天宝二载十二月东下时，除用物、法器外，带有"麝香、沉香、甲香、甘松香、龙脑香、胆唐香、安息香、檀香、零陵香、青木香、薰陆香等都有八百余斤；又有毕、诃黎勒、胡椒、阿魏、石蜜、蔗糖等五百余斤；蜂蜜十斛，甘蔗八十束。天宝七载又拟东行，"买香药、备办百物，一如天宝二载所备"。现今日本奈良东大寺正仓院，收藏有60种药物，据日本学者考证，

这些药物有的是鉴真带去的,有的是和鉴真同时代的人从中国运去的。

据传鉴真著有《鉴上人秘方》一卷,可惜早已失传,但在《医心方》里,还能找出三四个方子来。鉴真逝世后,他的弟子法进在日本继续讲授医药,后来传其术的徒孙有东大寺的惠山、元兴寺的圣一、山田寺的行潜等。这些门徒对日本医药继续发挥积极的影响。

14世纪以前,日本医界把鉴真奉为始祖,据传直到江户时代(1603-1867年),

日本药袋上还印有鉴真的肖像，可见其影响之深。《皇国名医传》里指出，鉴真东渡日本面授医药知识，使日本人真正掌握辨认药品的知识，从此日本"医药道避"。

（三）汉语言、文学在日本的传播

鉴真和他的弟子在日本用汉语讲学，

极大地普及了汉语知识，为古代日本人民
吸收中国文化提供了很大的方便，对日本
汉文字的发展也是一个推动。鉴真也给
日本带去了诗赋文学。在日本奈良时代，
鉴真传记《唐大和尚东征传》的作者真人
元开的文学成就，就与其跟鉴真的结交
有着密切关系。奈良时代，以唐诗为主体
的中国文学作品大量输入日本，使日本文
学产生了全盘唐化的倾向。奈良、平安时
代的文坛掀起学习唐诗的热潮，上到天

皇，下到文士，竞相模仿，做诗唱和。随鉴
真东渡日本的弟子法进、思托等的著作
和诗文中，可以看出他们对日本文学发展
的贡献。据《唐大和尚东征传》记载，始
终追随鉴真东渡，而在十二年中丝毫没有
追悔之心的，只有思托和普照。思托的文
学造诣很高。比如，鉴真逝世，悲痛的思

托流泪写下《五言伤大和尚传灯逝》诗：

上德乘杯渡，金人道已东；

戒香余散馥，慧炬复流风。

月隐归灵鹫，珠逃入梵宫；

神飞生死表，遗教法门中。

法进也写下了《七言伤大和尚》一

诗：

大师慈旨契圆空，远迈传灯照海东。

度物竹筹盈石室，散流佛戒绍遗踪。

化毕分身归净国，娑婆谁复为验龙。

法进的这首七言诗只有六句，而其他弟子的诗作都没有流传下来。当年，思托在普照等师兄的鼓励下，着手写作《大唐传戒师僧名记大和尚鉴真传》，详细记述了鉴真六次东渡的艰难经历。后来，日本的真人元开又根据此传撰写了《唐大和尚东征传》，流传至今。可惜思托的作品在历史的烟波中遗失了。由此可以说明，鉴真与其弟子在汉文学方面的造诣也影响了当时日本文人的创作。还有在传播汉语言文学乃至书法方面，鉴真大师等用唐音说法，这对日语中始终保存唐音发挥了重大作用。

此外，据载鉴真赴日时带去了大量的

甘蔗和蔗糖，正仓院中收藏过唐代时传入的蔗糖。有人认为鉴真赴日后可能把榨糖技术传授给日本人民。至今，日本人民把鉴真奉为榨糖、缝纫、制豆腐、酿酱油的始祖，可见鉴真抵日后，给日本人民的生活也带来了变化。日本人民以崇敬的心情，缅怀鉴真的功绩。

鉴真东渡日本，不仅缔结了两国民间的牢固友谊，而且把盛唐文化全面地介绍给日本，对日本的佛学、建筑、雕塑、书法、工艺技术以及医药学都作出了不可磨灭的贡献，日本因此称他为

"过海大师"。鉴真东渡对日本文化的各个方面影响重大而深远，日本人民称鉴真为"盲圣""日本律宗太祖""日本医学之祖""日本文化的恩人"等，充分地表达了日本人民对鉴真崇敬的感情。中日两国人民永远不会忘记中日文化交流的使者——鉴真大师。